बापू के नाम

तीन बाल एकांकी

वाणी प्रकाशन
21-ए, दरियागंज, नयी दिल्ली-110002
फोन : 011-23273167, 23275710, 41562622
फैक्स : 011-23275710
e-mail : vani_prakashan@yahoo.com
vaniprakashan@gmail.com

बापू के नाम

(तीन बाल एकांकी)

सुशील कुमार सिंह

वाणी प्रकाशन का लोगो
विख्यात चित्रकार मकबूल फिदा हुसेन
की कूची से

वाणी प्रकाशन
21-ए, दरियागंज, नयी दिल्ली-110002
द्वारा प्रकाशित

प्रथम संस्करण : 2000
द्वितीय संस्करण : 2006 मूल्य : 60.00

शुभम ऑफसेट, दिल्ली-110032
द्वारा मुद्रित

BAPU KE NAM
by Sushil Kumar Singh

बापू तेरे देश में
सुंदर से परिवेश में
वैसे तो सब खैर-कुशल है
लेकिन थोड़ी गड़बड़ है।

पहले कुछ बातचीत : बच्चों से!

प्यारे बच्चो !

बापू यानी महात्मा गांधी पहली बार दक्षिण अफ्रीका गए थे रोज़ी-रोटी की तलाश में, दादा अब्दुल्ला नाम के एक प्रवासी भारतीय के मुक़दमे में मदद करने के उद्देश्य से। इस कार्य के लिए उन्हें प्रथम श्रेणी मार्ग व्यय, निवास तथा भोजन खर्च के अलावा एक सौ पाँच पौंड पारिश्रमिक देना तय हुआ था। वह समय अंग्रेज़ी राज्य का सूरज कभी न अस्त होनेवाला कहा जाता था। दुनिया के बड़े भू-भाग में अंग्रेज़ों का शासन था। हिंदुस्तान तो गुलाम था ही, दक्षिण अफ्रीका में भी अंग्रेज़ों की ही हुकूमत थी।

अब्दुल्ला सेठ पहली बार जब उन्हें डरबन की अदालत में ले गए तो मजिस्ट्रेट ने उनसे पगड़ी उतारने के लिए कहा। गांधीजी ने पगड़ी नहीं उतारी और अदालत छोड़ दी।

दक्षिण अफ्रीका में हिंदुस्तानियों की हालत विचित्र थी। इनके अलग-अलग गुट थे। एक भाग मुस्लिम व्यापारियों का था। वे अपने-आप को 'अरब' कहते थे। अपनी मुस्लिम पोशाक के साथ वे पगड़ी पहन सकते थे। दूसरा भाग हिंदू या पारसी कारकूनों, मुनीमों या गुमाश्तों का था। पारसी अपना परिचय परसियन के नाम से देते थे। हिंदू कारकून अधर में लटके रहते थे। एक और वर्ग था गिरमिटि या गिरमिट मुक्त हिंदुस्तानियों का। गिरमिट का मतलब था अनुबंध या एग्रीमेंट। उन दिनों

गरीब हिंदुस्तानी मज़दूरी के लिए पाँच साल के अनुबंध पर ले जाए जाते थे। अंग्रेज़ इन्हें कुली के नाम से जानते थे और उसी तरह का सुलूक भी करते थे। चूँकि इनकी संख्या अधिक थी इसलिए दूसरे हिंदुस्तानियों को भी कुली समझा जाता था।

गांधीजी को भी 'कुली बारिस्टर' का नाम मिला। व्यापारी कुली व्यांपारी के नाम से जाने जाते। मुस्लिम व्यापारी इस शब्द से भड़कते भी थे। वे अपने आप को अरब या व्यापारी कहलाना पसंद करते थे।

बहरहाल बच्चो, ऐसी विचित्र स्थिति में गांधीजी के सामने यह विकट प्रश्न था कि वे अपनी हिंदुस्तानी पगड़ी पहनें या उसे सलाग कर अंग्रेज़ी टोपी पहन लें ?

सेठ दादा अब्दुल्ला ने उन्हें सलाह दी, ऐसे समय में यह फेरबदल ठीक नहीं। जो दूसरे लोग अपनी देसी पगड़ी पहनना चाहेंगे उनकी स्थिति नाज़ुक हो जाएगी। फिर आपको तो देसी पगड़ी ही शोभा देती है। अंग्रेज़ी टोपी पहनेंगे तो आपकी गिनती वेटरों में होगी।

यद्यपि गांधीजी को वेटरों के प्रति यह भाव सही नहीं लगा पर देसी पगड़ी के सम्मान एवं बचाव के लिए इस मसले को समाचार-पत्रों में भेजा। अखबारों में इसकी खूब चर्चा हुई। 'अनवेलकम विजिटर' (अवांछित अतिथि) शीर्षक से अख़बारों में गांधीजी की चर्चा हुई और तीन-चार दिन के अंदर ही गांधीजी को अनायास दक्षिण भारत में प्रसिद्धि मिल गई और उनकी पगड़ी भी बनी रही।

बच्चो, यह किस्सा बताने का मतलब यह है कि अपने स्वाभिमान, देश और अपनी पगड़ी के सम्मान के लिए गांधीजी जूझ गए।

एक घटना और, सेठ अब्दुल्ला के मुकदमे के सिलसिले में उन्हें प्रिटोरिया जाना पड़ा। उनके पास प्रथम श्रेणी का टिकट था। वह प्रथम श्रेणी के डिब्बे में बैठे किंतु उन्हें प्रथम श्रेणी के डिब्बे से बाहर ढकेल दिया गया नेटाल की राजधानी मेरित्सबर्ग में। सामान भी बाहर फेंक दिया गया इसलिए कि वे हिंदुस्तानी थे, गुलाम देश के बाशिंदे। अंग्रेज़ जिन्हें कुली कहते थे। सर्दियों के दिन, अपमान और ठंड की पीड़ा सहते हुए

भी वह अपने अधिकारों और सम्मान के प्रति सजग थे। गुलामी का मर्म उन्होंने जाना इसीलिए उन्होंने दक्षिण अफ्रीका में संघर्ष किया। इसी संघर्ष ने उन्हें महात्मा बनाया। देश को अंग्रेज़ों की गुलामी से आज़ाद कराने के लिए उन्होंने अनेक आंदोलन चलाए जो सत्याग्रह अर्थात् सत्य के आग्रह पर आधारित थे।

गांधीजी के आदर्श और सिद्धांत न केवल अपने देश में बल्कि सारी दुनिया में जाने जाते हैं। आपसी प्रेम, भाईचारा, शांति, अहिंसा और विश्व-बंधुत्व की भावना जो गांधीजी के मूल आदर्श और विचार रहे हैं, आज के विश्व की सबसे बड़ी आवश्यकता है।

गांधीजी का संपूर्ण जीवन प्रेरणाप्रद है किंतु आज हम उन्हें भूल गए हैं इसीलिए हमारे राष्ट्र और समाज में तरह-तरह की बुराइयों ने स्थान ले लिया है।

प्रस्तुत एकांकी संकलन जो बापू के नाम ही है, का अंतिम एकांकी 'वैसे तो सब खैर-कुशल है' इसी परिस्थिति का आईना है। अन्य दो एकांकी 'काँटों की राह' और 'जेल चलो' गांधीजी के दक्षिण अफ्रीका के प्रवास के दौरान घटी छोटी-छोटी किंतु प्रेरणाप्रद घटनाओं पर आधारित हैं। 'काँटों की राह' में पहली बार गांधीजी ने कोट, पतलून, टाई आदि त्यागकर लुंगी धारण की। 'जेल चलो' में अपनी पत्नी कस्तूरबा बाई के माध्यम से महिलाओं को अपने अधिकारों के प्रति सजग एवं संघर्षरत रहने की प्रेरणा दी।

महात्मा गांधी का संपूर्ण जीवन अति नाटकीय व प्रेरणाप्रद है। बाल रंगमंच के उद्देश्यों को प्राप्त करने के लिए इसमें अनंत सामग्री है। प्रस्तुत संकलन इस दिशा में एक छोटा-सा प्रयास है, अगर सफलता मिली तो आगे भी प्रयास करूँगा।

–सुशील कुमार सिंह

एकांकी-क्रम

काँटों की राह

काँटों की राह

पूर्व कथ्य

[यह लघु नाटिका महात्मा गांधी के दक्षिण अफ्रीका प्रवास के दौरान घटी कुछ छोटी-मोटी किंतु महत्त्वपूर्ण घटनाओं पर आधारित है जो मोहनदास करमचंद गांधी के महात्मा गांधी बनने की यात्रा के प्रारंभिक दिनों में गांधी जी के स्वभाव, आचार-विचारों एवं तौर-तरीकों पर हल्का-सा प्रकाश डालती है।]

समय : प्रातः 10-11 बजे।

स्थान : दक्षिण अफ्रीका में गांधीजी का निवास-स्थल।

[साधारण ड्राइंगरूम, हल्का-फुल्का बेंत का फर्नीचर। कानूनी किताबों की रैक। कुछ एक स्थानीय हस्तशिल्प के सजावटी नमूने, सुंदर फूलों का गुलदस्ता आदि कुल मिलाकर सादगी का ही आभास देता है किंतु बहुत साफ-सुथरा और हर चीज करीने से रखी हुई। ड्राइंगरूम के एक ओर रसोईघर की झलक और दूसरी ओर बाहर से आने का दरवाजा। रसोईघर के बगल से ही एक अन्य दरवाजा जो अंदर की ओर जाता है। बाहर खुलनेवाले दरवाजे के पास एक खिड़की जिससे बाहर का दृश्य देखा जा सकता है। खिड़की के बाहर हरियाली है।

मंच प्रकाशित होने पर गांधीजी की पत्नी, कस्तूर बाई एक वृद्धा के पाँव में मलहम-पट्टी कर रही हैं।]

कस्तूर बाई : अब आराम है न?

वृद्धा : हाँ पहले से बहुत ज्यादा...

कस्तूर बाई : ज्यादा चलना-फिरना नहीं...घाव पर पानी भी नहीं पड़ने देना...अगर ये होते तो देसी उपचार करते, घाव पर गीली मिट्टी का लेप लगाते...पर वह सब मैं अभी सीखने की कोशिश कर रही हूँ। *(हँसती हैं)*

वृद्धा : *(कृतज्ञता से)* तूने इतना कर दिया बेटी, यही बहुत है...वरना यहाँ के अस्पतालों में गोरे डॉक्टर हम हिंदुस्तानियों को हाथ भी नहीं लगाते, हमसे घृणा करते हैं...पाँच साल के एग्रीमेंट पर काम करने के लिए हमें यहाँ लाया गया...और हम हो गए गिरमिटिया... कुली कहकर हमारा अपमान करते हैं ये गोरे।

कस्तूर बाई : इन्हें भी तो बैरिस्टर कुली कहते हैं...कितनी बार इनका भी अपमान होता रहता है...पहली बार जब ये अकेले ही दक्षिण अफ्रीका आए थे तब डरबन से प्रिटोरिया रेल में यात्रा करते समय क्या हुआ था पता है? फर्स्ट क्लास का टिकट लेकर डिब्बे में बैठे...सर्दियों के दिन, रात लगभग नौ बजे गाड़ी नेटाल की राजधानी मेरित्सबर्ग पहुँची...तभी एक अंग्रेज डिब्बे में आया...फर्स्ट क्लास डिब्बे में एक काले हिंदुस्तानी को देखकर कुछ अफसरों को बुला लाया। उन्होंने इनसे कहा इस डिब्बे से उतर जाओ और आखिरी डिब्बे में जाकर बैठो। इन्होंने कहा मेरे पास फर्स्ट क्लास का टिकट है। फिर भी वे लोग उतरने की जिद करते रहे और अंत में धक्के मारकर इन्हें डिब्बे से बाहर कर दिया। सामान भी फेंक दिया...रात भर ये वेटिंग रूम में ठंड से ठिठुरते रहे।

वृद्धा : बड़े ज़ालिम हैं ये लोग...इंसानियत तो है ही नहीं...

कस्तूर बाई : हमें गुलाम जो समझते हैं।

वृद्धा : ठीक कहती हो बेटी...अच्छा अब मैं चलती हूँ...

कस्तूर बाई : चलो मैं तुम्हें घर तक छोड़ आती हूँ...

वृद्धा : नहीं-नहीं अब मैं ठीक हूँ...धीरे-धीरे चली जाऊँगी।

[आहिस्ते से उठती है। कस्तूर बाई उसे सहारा देकर दरवाजे तक छोड़ने जाती हैं।]

वृद्धा : जेल से कब छूटेगा मोहनदास?

कस्तूर बाई : छूटने का दिन तो आज ही था अब देखो अम्मा क्या होता है?

वृद्धा : सब ठीक ही होगा...बड़ा हिम्मती है तेरा पति...जो काम हाथ में ले लेता है उसे पूरा करके ही छोड़ता है...किसी से नहीं डरता...जब से वह दक्षिण अफ्रीका आया है हम हिन्दुस्तानियों के हौसले बढ़ गए हैं...अच्छा बेटी चलती हूँ...जीती रहो...

[वृद्धा जाती है। कस्तूर बाई कुछ पल दरवाजे पर खड़ी उसे जाता हुआ देखती हैं। फिर वापस आकर मरहम-पट्टी का सामान यथा स्थान रखती हैं और रसोई के बगल में बने दरवाज़े से अंदर चली जाती हैं। बाहरवाली खिड़की में मोहनदास करमचंद गांधी, कुछ अन्य स्थानीय लोग और गांधीजी के भतीजे मगन लाल गांधी दिखाई देते हैं।

गांधीजी पतलून, कमीज़ और नेकटाई पहने हैं हाथ में कोट लटका रखा है।]

गांधी : मैं हैरान हूँ कि उन्होंने मुझे इतनी ज़ल्दी छोड़ दिया...लेकिन मैं जानता हूँ...वह मुझे ज़्यादा दिन बाहर नहीं रहने देंगे। *(हँसते हैं)*

[अन्य लोग भी हँसते हैं।]

एक : आप उनकी सत्ता को चुनौती जो दे देते हैं।

दो : अभी तक किसी हिंदुस्तानी या एशियाई की यह हिम्मत नहीं हुई।

तीन : वह आपकी उपस्थित मात्र से भयभीत हो जाते हैं...

गांधी : *(मुस्कराकर)* वह मुझसे नहीं सत्य और अहिंसा की ताकत से घबराते हैं। अच्छा मित्रो बहुत कष्ट दिया आपको...शाम को सभा में मिलेंगे।

[सभी स्थानीय लोग अभिवादन करके जाते हैं। गांधीजी मगन लाल के साथ अंदर आते हैं। एक नज़र चारों ओर देखते हैं...जैसे कुछ ढूँढ़ रहे हों।]

मगन लाल : इस बार तो आपने अपने बाल और मूँछें दोनों ही कटवा रखे हैं।

गांधी : तुम्हारी चाची कहाँ गई? मैं तो सोच रहा था, जेल से लौटा हूँ...वह दरवाजे पर ही स्वागत करेगी।

[कस्तूर बाई अंदर से हाथ पोंछते हुए बाहर निकलते-निकलते गांधीजी की बात सुन लेती हैं। थोड़ा मुस्कराते हुए]

कस्तूर बाई : आपका जेल जाना और छूट के आना अब मेरे लिए कोई नई बात नहीं रही...कब तक स्वागत करती रहूँ?

[गांधीजी के हाथ से कोट लेते हुए उनके शरीर पर गौर करते हुए तनिक चिंतित-सी]

कस्तूर बाई : कितने दुबले हो गए हैं आप? क्या वहाँ भी अनशन करने बैठ गए?

गांधी : *(हँसकर)* नहीं-नहीं वह नौबत तो नहीं आई...

[सोफे पर बैठकर जूते के तसमे खोलते हुए मगन लाल से]

हाँ भतीजे तुम मेरे बाल और मूँछों के बारे में पूछ रहे थे?

मगन : हाँ चाचाजी इतने करीने से कटे हुए बाल और मूँछें देख कर थोड़ा ताज्जुब हुआ वरना ज़ेल से आदमी बाहर निकलता है तो...

गांधी : *(हँसते हैं)* मज़ेदार क़िस्सा है। *(कस्तूर बाई से)* तुम भी सुनो कस्तूर।

[जूते-मोज़े पाँव से बाहर निकालते हुए]

कस्तूर बाई : सुन रही हूँ...

[कस्तूर बाई जूते-मोजे उठाकर एक ओर रखती हैं और स्लीपर लाकर गांधीजी के पैरों के पास रखती हैं]

गांधी : *(अपनी बात ज़ारी रखते हुए)* यहाँ की जेलों में यह नियम है कि यदि किसी क़ैदी को दो महीने की सज़ा मिलती है तो उसके बाल और मूँछें काट दी जाती हैं।

मगन लाल : अपनी मूँछों की आन पर मरने-मिटनेवाले भारतीयों को तो यह नियम जरा भी नहीं भाता होगा?

गांधी : इसीलिए यह नियम भारतीयों पर पूरी तरह से लागू नहीं किया जाता...जो आपत्ति करते हैं उनके बाल और मूँछें नहीं काटी जातीं।

कस्तूर बाई : *(मुस्कराते हुए)* तब तो हमें अंग्रेज़ों का आभारी होना चाहिए।

मगन लाल : कम से कम इस मामले में तो उन्होंने अपनी संवेदनशीलता दिखाई।

[दोनों हँसते हैं।]

गांधी : लेकिन मुझे यह नियम ठीक ही लगा...

मगन लाल : वह कैसे मोहन चाचा?

गांधी : अरे भाई, जेल में कंघा वगैरह तो मिलता नहीं। अगर बाल न काटे जाएँ तो बालों में गंदगी, जुएँ, लीख, फोड़े-फुंसी होने का डर रहता है और वहाँ नैपकिन या

रूमाल वगैरह भी खाने के समय नहीं मिलता। अगर मूँछें लंबी हों, तो जो भी खाओ-पियो, वह मूँछों में उलझ जाता है।

कस्तूर बाई : हाँ, यह तो है। मैंने कई लंबी मूँछवालों को देखा है। जब भी वह कुछ खाते-पीते हैं तो उनकी मूँछों को भी उसका स्वाद मिल जाता है। ऐसे मौकों पर बड़ी मुश्किल से मैं अपनी हँसी रोक पाती हूँ...कई बार तो उबकाई आने लगती है।

गांधी : मैंने जेल के दारोगा से कहा, भाई मेरी मूँछें और बाल तो काट ही दो...लेकिन उसने साफ मना कर दिया। बोला, गवर्नर ने ऐसा करने से मना किया है।

मगन लाल : अरे वाह! ऐसा क्यों?

गांधी : उसे डर था कि मैं कहीं बाद में बवेला न मचाऊँ कि मेरी मूँछें और बाल जबरदस्ती काट दिए गए। *(हँसते हैं)*

कस्तूर बाई : फिर क्या हुआ?

गांधी : जब मैंने उन्हें लिखित रूप से यह आश्वासन दिया कि मैं ऐसा नहीं करूँगा तब कहीं जाकर दारोगा ने मुझे कैंची दी।

कस्तूर बाई : लेकिन बाल तो आपको काटने आते नहीं?

गांधी : वह अपने साथी कैदी थे न पी.के. नायडू उन्हें नाई का काम मालूम था...उन्होंने अपने बाल काटे और मेरे भी। उसके बाद हम दोनों हर रोज दो घंटे भारतीय कैदियों के बाल काटते थे। ऐसा करने से वह देखने में भी ठीक लगने लगे और उनके स्वास्थ्य में भी सुधार हुआ।

मगन लाल : मज़ेदार क़िस्सा है क्यों चाची? *(हँसते हैं)*

कस्तूर बाई : हाँ बहुत। अच्छा अब आप नहा-धोकर कपड़े बदल लीजिए...मैं भोजन तैयार करती हूँ...

[कस्तूर बाई रसोई में जाती हैं। मगन लाल उठ खड़े होते हैं।]

मगन लाल : अच्छा मोहन चाचा, इस बीच मैं कुछ छोटे-मोटे काम निबटा लूँ।

गांधी : अवश्य-अवश्य।

[पाँव में स्लीपर डालकर खड़े हो जाते हैं। मगन लाल बाहर जाने को होता है तभी गांधीजी कुछ सोचते हुए अपनी नेकटाई ढीली करते हैं।]

गांधी : सुनो मगन...

[मगन लाल रुक जाते हैं]

मेरे मन में एक विचार आया है।

[मगन लाल की उत्सुक आँखें गांधी पर टिक जाती हैं]

कल से मैं कोट-पतलून नहीं पहनूँगा...और न ही नेकटाई लगाऊँगा।

मगन लाल : *(आश्चर्य से)* ऐसा क्यों?

गांधी : बस लुंगी और कुर्ता ही मेरे वस्त्र होंगे।

[नेकटाई गले से खींचकर एक ओर डाल देते हैं...फिर जैसे शून्य में कुछ खोजते हुए...]

चाक, पेंसिल आदि चीजें रखने के लिए डरबन जाकर एक बगल का थैला सिलवा लूँगा...

मगन लाल : *(कुछ चिंतित होकर)* किंतु मोहन चाचा आपके मन में ऐसा विचार क्यों आया...आपकी तबीयत तो ठीक है न?

गांधी : मैं ठीक हूँ...लेकिन...मेरा मन बहुत आंदोलित है...मेरे कहने से यहाँ हज़ारों लोग सत्याग्रह में कूद पड़े...अपने प्राणों की आहुति दी...मेरे प्रति उनकी जो श्रद्धा है...अटूट विश्वास है...उसी के बल पर ये लोग दावानल

में कूद गए...कितने भीषण कष्ट भोगे...यातनाएँ सहीं...कितनी स्त्रियाँ विधवा हो गईं...और मैं जिस विदेशी शासन से इनके अधिकारों के लिए लड़ रहा हूँ उन्हीं विदेशियों की पोशाक पहनकर घूमूँ? धिक्कार है मुझ पर। इन निरक्षर और भोले-भाले लोगों से मैं कैसे अलग रह सकता हूँ ? मुझे इन्हीं के जैसा बनकर रहना होगा...इसीलिए कल से मैं लुंगी और कुर्ता...

मगन लाल : बात तो आपकी ठीक है चाचाजी...किंतु लुंगी के बदले यदि आप धोती पहनें तो वह चलने-फिरने में अधिक सुविधाजनक रहेगी...फिर हमारा मूल पहनावा तो धोती ही है।

गांधी : ठीक कहते हो...धोती मुझे पसंद भी है परंतु इस समय सवाल गिरमिटियों का है...उनमें से अधिकतर लोग मद्रास के हैं। वे लोग लुंगियाँ ही पहनते हैं...हाँ मेरी लुंगी फटी नहीं होगी...ये थोड़ा-सा अंतर तो रहेगा।...ये लोग सिर पर भी कुछ न कुछ बाँधते हैं पर हम लोगों ने तो यह पहले ही छोड़ दिया, इसे दुबारा शुरू करने की ज़रूरत मैं नहीं समझता। जिन लोगों की मृत्यु हो गई है उनके शोक में मूँछें भी मुड़वाना होगा।...*(कुछ सोचकर)* पैरों में अब चप्पल भी नहीं पहनूँगा। हजारों गिरमिटियों को पैरों में पहनने के लिए आखिर मिलता ही क्या है?

मगन लाल : लेकिन आपके पैर उन लोगों की तरह अभ्यस्त नहीं हैं। कठोर...नोकीले कंकड़ कदम-कदम पर चुभेंगे...आपको कष्ट होगा...

गांधी : *(तनिक सहज होकर)* मुझे मालूम है मेरे पैर के तलुवे थोड़े नरम हैं...बिवाँई भी फटी रहती हैं...लेकिन जब मैं उन लोगों को ऐसी कठिनाई में ढकेल दूँ तो थोड़ा कष्ट

तो मुझे भी उठाना चाहिए। यहाँ हज़ारों लोग जो यातनाएँ सह रहे हैं, उनके मुकाबले में यह बहुत मामूली है...बहुत पीड़ा होगी...तो थोड़ा धीमे चल लूँगा...काँटों की राह चुनी है तो पाँवों के लहूलुहान होने से क्या डरना ?

[कस्तूर बाई रसोई से बाहर आती हैं। इन लोगों को अभी तक वहीं देखकर तनिक नाराज़गी से]

कस्तूर बाई : अरे आप लोग अभी तक बातों में ही लगे हैं...भोजन तैयार हो गया...और आपने नहा-धोकर कपड़े भी नहीं बदले...

मगन लाल : यहाँ तो कुछ और ही खिचड़ी पक गई कस्तूर चाची!

कस्तूर बाई : *(कौतूहल से)* वह क्या?

मगन लाल : *(कनखियों से गांधीजी की ओर देखते हुए)* मोहन चाचा ने निश्चय किया है...कल से वह लुंगी-कुर्ता पहना करेंगे...पाँवों में चप्पलें भी नहीं पहनेंगे...

कस्तूर बाई : *(अविश्वास से)* क्या?...क्या कह रहे हो मगन?

मगन लाल : यह सच है चाची...

[कस्तूर बाई किंकर्तव्यविमूढ़-सी गांधीजी की ओर देखती हैं जिनके होंठों पर मधुर मुस्कान है किंतु आँखों में दृढ़ निश्चय की चमक...

पृष्ठभूमि से 'वंदे मातरम्' का समवेत स्वर उभरता है। मंच पर प्रकाश मंद और मंद होते हुए पूर्णतः अंधकार छा जाता है...केवल समवेत स्वर गूँजते रहते हैं...'वंदे मातरम्'।]

□□□

जेल चलो

जेल चलो

पूर्व कथ्य

[दक्षिण अफ्रीका में ही महात्मा गांधी ने अपनी पत्नी कस्तूर बाई को भी महिलाओं के हक के लिए सत्याग्रह पर जाने के लिए प्रेरित किया था, यह लघु नाटिका उसी घटना पर आधारित है।]

समय : प्रातः।

स्थान : दक्षिण अफ्रीका में गांधीजी का निवास-स्थल।

[साधारण साज-सज्जा...किंतु बहुत ही साफ-सुथरा बैठका। साथ में रसोई। गांधीजी एक कोने में पड़ी कुर्सी-मेज पर बैठे पत्र लिख रहे हैं। गांधीजी की पत्नी रसोई से एक प्लेट में कुछ फल और दूध लाकर उनके पास रखती हैं।

एक पल उन्हें लिखते हुए देखती रहती हैं फिर अधीर होकर]

कस्तूर बाई : मैंने जो कहा उस पर आपने ध्यान नहीं दिया...

[गांधीजी हाथ के संकेत से उन्हें एक पल रुकने को कहते हैं और पुनः लिखने लगते हैं। अंतिम पंक्ति पूरा कर अपने हस्ताक्षर करते

हैं...पत्र मोड़कर लिफाफे में रखते हैं। उस पर पता लिखते हैं। इसी बीच कस्तूर बाई थोड़ी बेचैन और विचलित-सी नज़र आती हैं।

गांधीजी मुस्कराते हुए कस्तूर बाई की ओर प्रश्नसूचक दृष्टि से देखते हैं।]

गांधी : हाँ, कुछ कह रही थीं तुम?

कस्तूर बाई : मेरी बात सुनने के लिए आपके पास समय ही कहाँ है।

गांधी : नाराज़ हो गईं?

कस्तूर बाई : मैं किस अधिकार से नाराज़ होऊँगी आपसे?

गांधी : *(हँसते हैं)* तुम्हारे पास तो सारे अधिकार हैं नाराज़ होने के...तुम मेरी पत्नी हो...अर्द्धांगिनी हो...लो यह फल खाओ...दक्षिण अफ्रीका के कुछ फलों में काफी स्वाद होता है...

कस्तूर बाई : ये मैं आपके लिए लाई हूँ...आप खाइए...

गांधी : मैं भी खाऊँगा...लेकिन तुम भी लो...

[आग्रहपूर्वक फल का एक टुकड़ा उन्हें देते हैं और स्वयं भी लेते हैं।]

गांधी : वायसराय को पत्र लिख रहा था। यहाँ के स्थानीय अधिकारियों का व्यवहार सत्याग्रहियों के प्रति बहुत ही क्रूर और अमानवीय है। अंग्रेज़ अपने आपको सभ्य कहते हैं लेकिन निहत्थे और निर्दोष सत्याग्रहियों पर लाठी और गोलियाँ चलाना कहाँ की सभ्यता है? पाँच साल के इकरारनामे पर अपने स्वार्थवश भारतीय मजदूरों को उनके वतन से हज़ारों मील दूर ले आए और आप उन्हें सामान्य मानवीय अधिकार तथा सुविधाएँ भी नहीं देना चाहते? उनके साथ जानवरों जैसा व्यवहार करते हैं। दुनिया के सभी धर्म जानवरों के प्रति भी हमें दयावान होने के लिए प्रेरित करते हैं फिर मनुष्य के साथ

ये व्यवहार? आप किस प्रकार अपने आप को सभ्य कहते हैं?

[थोड़ा उद्विग्न नज़र आते हैं पर अगले ही पल संयत हो जाते हैं।]

खैर...तुम अपनी बात कहो।

कस्तूर बाई : आप दुनिया भर की चिंता लिये जहाँ-तहाँ मारे-मारे घूमते हैं, सत्याग्रह करते हैं, जेल जाते हैं, तरह-तरह के कष्ट उठाते हैं...पर अपने बच्चों के लिए हमेशा उदासीन रहे। न तो आपने कभी उनकी पढ़ाई-लिखाई की उचित व्यवस्था की और न ही उनके भविष्य के बारे में सोचा।

[गांधीजी तनिक गंभीर हो जाते हैं...कुर्सी से उठकर थोड़ा चहलकदमी करते हैं फिर कस्तूर बाई के पास आते हैं]

गांधी : हाँ, इस दोष से तो मैं स्वयं को मुक्त नहीं समझता...हो सकता है भविष्य में मेरे बच्चे भी मेरे इस कृत्य के लिए मुझे दोषी ठहराएँ...लेकिन मेरा मानना है जो शिक्षा बच्चों को उनके देश, समाज और संस्कारों से ही अलग कर दे, ऐसी शिक्षा से क्या लाभ? यहाँ दक्षिण अफ्रीका के स्कूलों में उन्हें इसी प्रकार की शिक्षा मिलती है। मैं उन्हें अपने देश में भेज सकता था लेकिन मेरा यह भी मानना है कि बच्चों को माँ-बाप के साथ ही रहना चाहिए। उनके साथ सहज भाव से ही वह बहुत कुछ सीख जाते हैं।...हो सकता है मेरे बच्चों ने विधिवत् स्कूली शिक्षा भले ही न पाई हो पर मनुष्यता में वह किसी से पीछे नहीं रहेंगे...जो सादगी और सेवाभाव उन्होंने हमारे साथ रहकर सीखा है वह विलायत और दक्षिण अफ्रीका के स्कूलों में कभी नहीं सीख पाते...

[मेज से कुछ लिफाफे-पैकिट उठाते हैं। अंतिम

लिफाफा देखकर]

अरे, यह तो बंद करने से रह ही गया।

[गोंद लगाकर लिफाफा बंद करते हैं]

अच्छा, ज़रा मैं इन्हें डाकखाने में डाल आऊँ।

कस्तूर बाई : पहले नाश्ता तो कर लीजिए।

गांधी : हाँ-हाँ...

[फल स्वयं खाते हैं और कस्तूर बाई को भी देते हैं]

लो तुम भी खाओ...हमेशा सोच में पड़कर दुबली मत होती रहो। मनुष्य को अपने स्वास्थ्य का पूरा ध्यान रखना चाहिए।

[गिलास उठाकर दूध पीते हैं। मेज़ पर खाली गिलास रखकर लिफाफे-पैकिट सहेजते हुए चलने लगते हैं...

कस्तूर बाई खाली प्लेट और गिलास उठाकर रसोई की ओर बढ़ती हैं। तभी जैसे कुछ याद आ गया हो, इस तरह अचानक जाते-जाते गांधीजी रुक जाते हैं और रसोई की ओर जाती कस्तूर बाई की ओर देख हल्के से मुस्कराते हुए।]

गांधी : अरे जरा सुनो तो...

[कस्तूर बाई रसोई के अंदर जाते-जाते रुक जाती हैं।]

कस्तूर बाई : क्या हुआ?

गांधी : मैं बताना ही भूल गया। तुम्हें कुछ पता चला?

कस्तूर बाई : किस बात का?

गांधी : आज तक तुम मेरी ब्याहता पत्नी थीं लेकिन अब नहीं रहीं।

[कस्तूर बाई के पाँव तले की जमीन जैसे सरक

जाती है...जल्दी से हाथ के बरतन एक ओर रखकर तेजी से गांधीजी के पास आती हैं।]

कस्तूर बाई : यह आपसे किसने कहा? आप तो रोज नई-नई बात खोज निकालते हैं।

गांधी : मैं कहाँ खोज निकालता हूँ वह जनरल स्मट्स कहता है कि ईसाई विवाहितों की तरह हमारा विवाह अगर सरकारी अदालत के रजिस्टर में दर्ज नहीं होगा तो वह ग़ैर-कानूनी माना जाएगा और इस तरह तुम भी मेरी ब्याहता पत्नी नहीं रहोगी। जनरल स्मट्स...

[कस्तूर बाई का चेहरा तमतमा उठता है]

कस्तूर बाई : उसका सिर। उस निठल्ले को तो ऐसी ही बातें सूझा करती हैं।

[कस्तूर बाई की बौखलाहट का आनंद लेते हुए]

गांधी : लेकिन अब तुम स्त्रियाँ क्या करोगी?

[एक पल सोचती हैं फिर गांधी से]

कस्तूर बाई : आप ही बताइए हम क्या करें?

गांधी : जिस तरह हम पुरुष लोग सरकार से लड़ते हैं, अपने अधिकारों के लिए। उसी तरह तुम स्त्रियाँ भी सरकार से लड़ो...

कस्तूर बाई : *(चिंतित-सी)* पुरुषों की बात अलग है लेकिन हम स्त्रियाँ कैसे लड़ें सरकार से?

गांधी : *(निर्णायक स्वर में)* देखो, अगर तुम्हें मेरी ब्याहता पत्नी बने रहना है और अपनी इज्ज़त-आबरू प्यारी है तो तुम्हें भी सत्याग्रह करके जेल जाना चाहिए।

कस्तूर बाई : *(आश्चर्य से)* मैं जेल जाऊँ...? औरतें भला जेल जाएँगी ?

गांधी : औरतें जेल क्यों नहीं जा सकतीं? पुरुष जो सुख-दुख भोगते हैं, स्त्रियाँ क्यों नहीं भोग सकतीं? देखो, राम के

साथ सीता, हरिश्चंद्र के साथ तारामती और नल के साथ दमयंती ने भी तो जंगलों में तमाम दुख सहे थे।

कस्तूर बाई : आप भी किनसे तुलना करने बैठ गए...भला उनसे हमारी क्या बराबरी...वे लोग तो देवताओं के समान थे। उनके जितनी शक्ति हममें कहाँ?

गांधी : हम भी उनके जैसा आचरण करें तो क्या हम भी देवता नहीं बन सकते?

[गांधीजी, कस्तूर बाई के नजदीक जाकर उनके कंधे पर हाथ रखकर थोड़ा समझाते हुए।]

देखो, कस्तूर बाई, सीता, दमयंती और तारामती यदि अपने पतियों के साथ नहीं गई होतीं...उनके साथ कष्ट नहीं सहे होते तो क्या उन्हें कोई याद रखता?

[कस्तूर बाई के अंतर्मन में अभी भी मंथन चल रहा है कुछ शंका से]

कस्तूर बाई : ठीक है आपको मुझे जेल भेजना ही होगा...तो मैं जाऊँगी...लेकिन क्या जेल का खाना मुझे रास आएगा ?

गांधी : *(सहज भाव से)* जेल का खाना यदि रास न आए तो फलों पर रहना।

कस्तूर बाई : जेल में क्या सरकार मुझे फल खाने को देगी?

गांधी : *(हँसकर)* सरकार अगर तुम्हें फल खाने को न दे तो तुम उपवास करना।

कस्तूर बाई : *(होंठों पर हास्य की रेखा खिंच जाती है)* वाह! यह आपने मुझे अच्छा मरने का रास्ता बताया।

गांधी : मरने जैसी तो कोई बात नहीं है।

कस्तूर बाई : मुझे लगता है अगर मैं जेल गई तो वहाँ मर ही जाऊँगी।

गांधी : *(प्रेमपूर्वक)* अरी बुद्धू अगर तू जेल जाकर मरेगी फिर तो मैं तेरी पूजा करूँगा...

[कस्तूर बाई भाव विभोर होकर गांधीजी के सीने

में अपना सिर टिका देती हैं]

कस्तूर बाई : फिर तो मैं खुशी से जेल जाने को तैयार हूँ।

गांधी : अगर ऐसा है तो तुम सही अर्थों में मेरी अर्द्धांगिनी हुई।

[उनके सिर पर प्रेमपूर्वक हाथ रखते हैं। उपयुक्त संगीत। यकायक गांधीजी को अपने हाथ के लिफाफे-पैकिटों का ध्यान आता है।]

अरे...तुम्हें जेल भेजने के चक्कर में, मैं तो भूल ही गया...ये खत डालने हैं। डाक निकलनेवाली होगी।

[तेजी से पैकिट-लिफ़ाफ़े सँभालते हुए बाहर की ओर लपकते हैं। कस्तूर बाई गांधीजी के स्पर्श से अभिभूत, उन्हें देखती ही रह जाती हैं।

उपयुक्त संगीत की स्वर लहरियों के साथ मंच अंधकार में डूब जाता है।]

□□□

वैसे तो सब खैर-कुशल है

वैसे तो सब खैर-कुशल है

[मंच प्रकाशित होने पर एक पार्क और पार्क के मध्य पृष्ठभाग में एक ऊँचे चबूतरे पर बापू के तीन बन्दर आँख-कान और मुँह बन्द किए नज़र आते हैं। चबूतरे पर एक-दो सीढ़ियाँ बनी हैं। नेपथ्य से तीन लड़कियाँ रस्सी कूदते गाते-गुनगुनाते मंच पर आती हैं...चारों ओर घूम-घूमकर रस्सी कूदती गाती-गुनगुनाती हैं। इनके पीछे कोरस में साथ देते हुए अन्य बच्चे भी आते हैं।]

तीनों लड़कियाँ : *(गाते हुए)*

तररम...पम-पम
तररम...पम-पम
गायें गीत हम
मौज मजे में
हँसी खुशी में
रस्सी कूदें धम...
तररम...पम-पम
खेल-कूद में जो मस्ती है
कहाँ पढ़ाई में?
लेकिन पढ़ना भी है जरूरी
खूब जानते हम

तररम...पम-पम
बापू के ये बन्दर देखो
कैसे मस्त कलन्दर देखो
क्यों बैठे हैं? कैसे बैठे?
क्या करते हरदम...
तरम...पम-पम
बापू के ये प्यारे बन्दर
चीन देश के न्यारे बन्दर
चिन-चिन, चुन-चुन
खायें चुकन्दर
सभी जानते हम...
तररमम...पम....पम
दुनिया एक झमेला है
भले-बुरों का मेला है
बुरा न सुनना
बुरा न देखो
बुरा न बोलो तुम...
तररम...पम-पम

[सभी बच्चे उछलते-कूदते गाते-गुनगुनाते नेपथ्य में जाते हैं। तीनों बन्दर जो अब तक बुत की तरह बैठे थे, यकायक जैसे उनमें प्राणों का संचार होता है...थोड़ी बेचैनी, थोड़ी हलचल...एक पहलू बदलते हुए]

बंदर (1) : *(जो अपनी आँखें बन्द किये है)* सुना तुम लोगों ने?

बंदर (2) : *(जो अपना मुँह बन्द किये है)* मैंने तो सुना भी और देखा भी...बहुत आनन्द आया...बच्चे हमारा ही गीत गा रहे थे।

बंदर (3) : *(जो अपने कान बन्द किये है)* अरे भाई तुम लोग

क्या बातें कर रहे हो?

बंदर (2) : अब इसे कैसे समझाये, इसने तो अपने कान ही बन्द कर रखे हैं।

बंदर (1) : क्या ऐसा नहीं हो सकता कि कुछ देर के लिए हम लोग भी अपने आँख और कान खोल लें?

बंदर (2) : हाँ-हाँ क्यों नहीं, आखिर पता तो लगे देश-दुनिया में क्या हो रहा है।

[पहला बंदर अपनी आँखों से हाथ हटाकर मिचमिचाते हुए आँखें खोलता है...चारों ओर देखते हुए]

बंदर (1) : वाह! कितना सुन्दर पार्क है।...अरे उसके कानों से भी हाथ हटा दो...जरा ये भी सुन ले हम लोग क्या बातें कर रहे हैं।

[दूसरा बंदर तीसरे के कानों से हाथ हटाता है।]

बंदर (2) : अरे बन्धु जरा ध्वनियों का आनन्द तुम भी उठा लो।

बंदर (3) : *(थोड़ा नाराज होकर)* अरे-अरे यह क्या? तुम लोगों ने तो अपना नियम ही भंग कर दिया। इस तरह दूसरे बन्दरों और हममें क्या फर्क रह जाएगा?

बंदर (1) : अरे दोस्त, हम लोग इतने सालों से अपने आँख, कान, मुँह बन्द किए बैठे हैं, जरा हम भी तो देखें लोगों ने हमसे कितनी प्रेरणा ली...और बापू के आदर्शों का कितना पालन कर रहे हैं।

बंदर (3) : हाँ, विचार कुछ बुरा नहीं। मैं तो आवाज़ें सुनने के लिए तरस गया।

बंदर (1) : वैसे इस देश के लोग हमें पसन्द करते हैं...

बंदर (2) : इसीलिए...*(थोड़ा व्यंग्य से)* हमें इस पार्क के अँधेरे

कोने में प्रतिमाओं की तरह बैठा दिया है।

बंदर (1) : अरे भाई ये तो यहाँ का रिवाज है।

बंदर (2) : अच्छा रिवाज है! अगर साल में एक बार बरसात का मौसम न आये तो कौओं-कबूतरों की मेहरबानी से हम पहचानने में भी न आयें...

[तभी कुछ आहट सुनाई देती है।]

बंदर (3) : *(जल्दी से)* अरे-अरे लगता है कोई आ रहा है।

बंदर (2) : जल्दी से अपनी आँखें और कान बन्द कर लो लेकिन इस तरह कि थोड़ा सुन सको, और थोड़ा देख भी सको...

बंदर (1) : हाँ-हाँ मैं नहीं बोलूँगा...जल्दी करो।

[तीनों पूर्ववत् आँख, कान, मुँह बन्द करते हैं पर देखने-सुनने की गुंजाइश रखते हैं।]

[एक ओर से लाइन में चलते हुए स्कूली बच्चे, साथ में उनकी चार अध्यापिकाएँ आती हैं। मंच का एक चक्कर लगाने के बाद अध्यापिकाओं के निर्देशानुसार बच्चे बन्दरों की प्रतिमाओं के पास कतारबद्ध खड़े हो जाते हैं।]

अध्यापिका (1) : मैं सोचती हूँ मिसेज़ प्रधान कि पहले इन स्टेचूज़ के बारे में बच्चों को बता दूँ।

अध्यापिका (2) : हाँ-हाँ क्यों नहीं...

अध्यापिका (3) : इनके जनरल नॉलेज में कुछ वृद्धि तो होनी ही चाहिए...

अध्यापिका (4) : वरना इन्हें बाहर घुमाने का फायदा ही क्या ?

[पहली अध्यापिका बच्चों को सम्बोधित करती है। दूसरी उबासियाँ लेती है। तीसरी मुँह बिचकाती है। चौथी अपने बैग से ऊन

का गोला और सलाइयाँ निकाल स्वेटर बुनने में जुट जाती है]

अध्यापिका (1) : बच्चो! ये बापू यानी महात्मा गांधी...जो अपने देश के राष्ट्रपिता थे, उनके प्रिय बन्दर हैं। इन्होंने अपने आँख, कान, मुँह बन्द कर रखे हैं ताकि ये बुरा न देखें, बुरा न बोलें और बुरा न सुनें...

[दूसरी अध्यापिका तीसरी के कान में फुसफुसाती है।]

अध्यापिका (2) : *(तीसरी से)* इन्हें तो बस मौका चाहिए लेक्चर झाड़ने का।

अध्यापिका (3) : आखिर पता कैसे लगे कि ये महाज्ञानी हैं।

अध्यापिका (1) : *(अपनी ही धुन में)* बच्चो! इस साल पूरे देश में महात्मा गांधी की एक सौ पच्चीसवीं जयन्ती मनाई जा रही है...इस मौके पर इसका महत्व और भी बढ़ जाता है। हमें इनका अनुसरण करना चाहिए...समझे बच्चो?

सभी बच्चे : यस मैम।

अध्यापिका (1) : अच्छा बच्चो! अब तुम लोग जो मर्जी आये गेम खेलो। लड़ाई-झगड़ा...शोर-शराबा नहीं करना और हाँ पेड़-पौधों को नुकसान भी नहीं पहुँचाना...इनसे हमें जीवन मिलता है। ओके...

सभी बच्चे : यस मैम।

[सभी बच्चे अलग-अलग झुंड बनाकर खेल-कूद में व्यस्त हो जाते हैं। पहली अध्यापिका दूसरी और तीसरी के पास आती है। जो राहत-सी महसूस कर रही है।]

अध्यापिका (1) : कैसा रहा?

अध्यापिका (2) : बहुत अच्छा।

अध्यापिका (3) : आपके जनरल नॉलेज का जवाब नहीं।

अध्यापिका (1) : थैंक्यू। अ...लेकिन तुम लोग हँस क्यों रही थीं ?

अध्यापिका (2) : *(सकपका जाती है)* अ...वो...

अध्यापिका (3) : *(बात सम्हालकर)* उसकी मूर्खता पर *(चौथी की ओर इशारा करती है)* आप इतनी इम्पार्टेण्ट स्पीच दे रही थीं...और वह स्वेटर बुनने बैठ गई *(हँसती हुई)*

[दूसरी भी उसका साथ देती है]

अध्यापिका (1) : नई-नई शादी हुई है क्या करे बेचारी? अपने हस्तशिल्प से इम्प्रेस भी तो करना है पति महोदय को।

[पहली, चौथी के पास चल देती है...दूसरी-तीसरी पुनः हँसती हुई एक कोने में बैठ जाती हैं]

बच्चों का झुंड (1) : कोड़ा गुमान शाही पीछे देखा मार खाई

बच्चों का झुंड (2) : हरा समुन्दर गोपी चन्दर बोल मेरी मछली कितना पानी। इतना पानी...

बच्चों का झुंड (3) : अक्कड़-बक्कड़ बम्बे बो अस्सी नब्बे पूरे सौ। सौ मिला के धागा चोर निकल के भागा...

अध्यापिका (1) : *(चौथी से)* मिसेज भाटिया, आपको कुछ तो डिसिप्लिन में रहना चाहिए।

अध्यापिका (4) : क्यों क्या हुआ मिसेज पांडे?

अध्यापिका (1) : मैं लेक्चर दे रही थी और आप स्वेटर बुनने बैठ गईं...बच्चे क्या सोच रहे होंगे।

अध्यापिका (4) : *(हँसकर)* कुछ नहीं वे तो खेलने में मस्त हैं।

[पहली मुँह बिचकाकर 'हुँह' करते हुए उनकी ओर पीठ कर लेती है। चौथी भी उसी प्रकार उनसे विमुख हो जाती है। बच्चे अपने खेल में मस्त हैं।]

अध्यापिका (2) : *(तीसरी से)* ये मिसेज भाटिया अपने आपको पता

नहीं क्या समझती हैं...

अध्यापिका (3) : क्यों?

अध्यापिका (2) : किसी से मिक्सअप होना पसन्द नहीं करतीं।

अध्यापिका (3) : अजी बड़े अधिकारी की बीवी हैं। घर मे बोर होती हैं इसलिए टाइम पास करने के लिए स्कूल ज्वाइन कर लिया।

[दोनों हँसती हैं। बच्चे खेल में मस्त हैं। पहली अध्यापिका चौथी की ओर आहिस्ते से घूमती है]

अध्यापिका (1) : *(दूसरी और तीसरी की ओर इशारा कर)* ये दोनों जहाँ भी मिलेंगी पंचायत करने बैठ जाएँगी।

अध्यापिका (4) : *(हँसकर)* अजी रहने दीजिए हमें क्या!

अध्यापिका (1) : अजी कैसे नहीं। पता है, ये लोग हमारे बारे में ही बातें कर रही होंगी।

अध्यापिका (4) : *(पूर्ववत्)* अजी करने दो हमें क्या!

अध्यापिका (1) : *(गुस्से से बिफरकर)* वाह, करने कैसे दूँ, मजाक है क्या?

[गुस्से से पैर पटकती हुई उन दोनों के पास चल देती है। चौथी उसे समझाने, रोकने का प्रयास करते उसके पीछे भागती है।]

अध्यापिका (4) : अरे-अरे सुनिए तो नीलम जी...शान्त हो जाइए...ज़रा उधर देखिए...बापू के ये तीन बन्दर कैसे शान्त भाव से कह रहे हैं...बुरा मत देखो...बुरा मत सुनो...बुरा मत...

[पहली अध्यापिका थोड़ा शर्मिंदा होती है]

अध्यापिका (1) : ओह आइ एम सॉरी...

[तभी कुछ बच्चे मैले-कुचैले कपड़े पहने एक अन्य बच्चे के साथ आते हैं।]

सभी बच्चे : मैम-मैम...। ये बच्चा पढ़ना चाहता है।

अध्यापिका (4) : शान्त-शान्त...शोर नहीं। अरे किसे पकड़कर ले आये तुम लोग?

[बच्चों की भीड़ देख दूसरी और तीसरी अध्यापिका भी नज़दीक आ जाती हैं।]

बच्चा (1) : मैम ये बच्चा पढ़ना चाहता है।

बच्चा (2) : लेकिन पढ़ नहीं सकता।

बच्चा (3) : क्योंकि यह बहुत गरीब है।

बच्चा (4) : इसके फादर की डेथ हो गई एक्सीडेण्ट में...

बच्चा (1) : माँ ठेला लगाती है।

बच्चा (2) : उससे बहुत कम पैसे मिलते हैं।

बच्चा (3) : इसलिए स्कूल में दाखिला नहीं करा सकती।

अध्यापिका (1) : अरे तो इसमें हम क्या कर सकती हैं।

सभी बच्चे : इसे अपने स्कूल में भर्ती कर सकती हैं।

अध्यापिका (1) : यह कैसे हो सकता है? पता है कितने ढेर सारे पैसे लगते हैं स्कूल में?

अध्यापिका (2) : इसकी फीस कौन भरेगा?

सभी बच्चे : हम देंगे मैम, हम देंगे मैम, हम सब मिलकर देंगे मैम...

अध्यापिका (3) : अरे...अरे...तुम लोग यहाँ पार्क में घूमने आये हो या समाज सेवा करने? चलो-चलो अब लाइन बनाओ, बहुत देर हो गई...हम वापस चलेंगे।

सभी बच्चे : प्लीज़ मैम...प्लीज़ मैम मान जाइए न।

अध्यापिका (4) : *(गरीब बच्चे के पास जाकर स्नेह से)* देखो बेटे, अगर तुम वाकई मन लगाकर पढ़ना चाहते हो तो सब लोग तुम्हारी मदद करेंगे। तुम कल सुबह अपनी माँ के साथ स्कूल में आना...ठीक है।

[बच्चा सहमति से सिर हिलाता है]

सभी बच्चे : *(खुशी से)* थैंक्यू मैम...थैंक्यू मैम...

अध्यापिका (1) : अच्छा-अच्छा अब बहुत देर हो गई है, जल्दी से लाइन बनाओ। वापस चलो।

[बच्चे ज़ल्दी से लाइन बनाते हैं और फिर नेपथ्य में जाते हैं। उनकी अध्यापिकाएँ भी उनके साथ जाती हैं...ग़रीब बच्चा उन्हें जाता हुआ देखता है ...फिर आहिस्ते-आहिस्ते उनके पीछे चल देता है ...सबके जाते ही तीनों बंदर अपने-अपने आँख, कान, मुँह खोल लेते हैं]

बन्दर (3) : क्यों बन्धु कैसा रहा?

बन्दर (1) : बहुत अच्छा।

बन्दर (2) : क्या अच्छा?

बन्दर (1) : यही कि अच्छाई में बुराई और बुराई में अच्छाई कैसे अपना रास्ता खोज लेती है।

[कुछ कॉलेज स्टूडेण्ट्स उछलते-कूदते गाते-नाचते पार्क में आते हैं...]

सभी स्टूडेण्ट्स : अम्मा देख...ओ देख तेरा मुंडा बिगड़ा जाये...अम्मा देख...ओ देख...तेरा मुंडा बिगड़ा जाये...

[एक स्थान पर एकत्र होकर]

स्टूडेण्ट–1 : आज का दिन बड़ा लकी रहा।

स्टूडेण्ट–2 : हाँ यार, प्रोफेसर अकड़ू सिंह के पूज्य पिताजी अल्लाह को प्यारे हो गये।

स्टूडेण्ट–3 : और हमारी।

सभी : छुट्टी...हेऽऽऽ

स्टूडेण्ट–4 : अल्लाह ताला प्रोफेसर अकड़ू सिंह के पूज्य पिताजी को जन्नत नसीब कराये।

सभी : आमीन।

स्टूडेण्ट–1 : अच्छा अब जल्दी करो पिक्चर का टाइम हो रहा है।

स्टूडेण्ट–2 : अरे पहले कोई जगह तो ढूँढ़ो, जहाँ कोई देख न सके।

स्टूडेण्ट–3 : अरे जगह क्या ढूँढ़नी है। मंकीज़ के स्टेचू के नीचे बैठते हैं।

स्टूडेण्ट–4 : ओह यस कितनी साफ-सुथरी जगह है...

स्टूडेण्ट–1 : और ये बेचारे तो पहले ही आँख, कान, मुँह बन्द किये बैठे हैं। अगर नाक भी बन्द कर लेते तो एयर पॉल्यूशन से बच जाते।

[सभी हँसते हुए बन्दरों के नीचे बनी सीढ़ियों पर जाकर बैठते हैं...स्टूडेण्ट–2 अपनी पॉकेट से शराब की छोटी बोतल निकालता है...ढक्कन खोलकर घूँट भरता है और फिर दूसरों की ओर बढ़ा देता है।]

स्टूडेण्ट–2 : लो यार फटाफट राउंड मारो...

[पहला भी घूँट मारता है और तीसरे की ओर बढ़ाता है। तीसरा और चौथा मना करते हैं]

स्टूडेण्ट–3 : ये तुम्हें ही मुबारक हो अपन का जरा एडवांस मामला है *(चौथे से)* क्यों जानी?

[स्टूडेण्ट–4 मुस्कराते हुए सीरिंज और शीशी निकालकर इंजेक्शन भरता है। स्वयं लगाता है और स्टूडेण्ट–3 को भी देता है। वह भी स्वयं लगाता है। बाकी दोनों बारी-बारी से शराब पीते रहते हैं। आहिस्ते-आहिस्ते उन्हें सरूर चढ़ने लगता है। तीनों बंदर एक-दूसरे को चकित से देखते हैं।]

बंदर (1) : यह तो अनर्थ है !

बंदर (2) : घोर अनर्थ!

बंदर (3) : बापू के देश में ऐसा अनर्थ!

स्टूडेण्ट–1 : *(थोड़ा चौंककर)* सुना तुम लोगों ने कुछ?

स्टूडेण्ट–2 : अरे यार छोड़...घूँट लगा।

स्टूडेण्ट–1 : नहीं यार, कोई कह रहा है अनर्थ, घोर अनर्थ...बापू के देश में ऐसा अनर्थ...

स्टूडेण्ट–2 : *(लापरवाही से)* अरे यार अनर्थ तो है ही...मम्मी डैडी, बिजी...

स्टूडेण्ट–3 : क्लब, सिनेमा, पार्टी, बिजनेस, मीटिंग...

स्टूडेण्ट–4 : टीचर्स मनीमाइण्डेड, नेता भ्रष्टाचारी, अफसर रिश्वतखोर...अनर्थ...घोर अनर्थ...

स्टूडेण्ट–1 : नहीं-नहीं...यह जगह ठीक नहीं है...जरूर कोई हमें देख रहा है...यहाँ से चलो। ज़ल्दी चलो।

[बाकी लोगों के हाथ पकड़ कर उठाता है]

स्टूडेण्ट–2 : अरे यार यहाँ कौन बैठा है देखने को।

स्टूडेण्ट–3 : बस ये तीन बंदर हैं।

स्टूडेण्ट–4 : आँख बन्द, कान बन्द, मुँह बन्द, अगर नाक भी बन्द कर लेते तो...

स्टूडेण्ट–1 : अरे मैं कहता हूँ जल्दी चलो...

[स्टूडेण्ट–1 बाकी तीनों को घसीटता हुआ ले जाता है]

बन्दर (1) : वे तो चले गये।

बन्दर (2) : तुमने बोल कर सब गड़बड़ कर दिया...

बन्दर (3) : हमें उन्हें समझाना चाहिए था कि बापू ने कहा था नशा समाज को खोखला कर देता है।

बन्दर (1) : ऐसी बेवकूफी मत कर बैठना। अगर लोगों को पता चल गया कि हम देख, सुन और बोल सकते हैं तो लोग हमें सर्कस में भर्ती करा देंगे।

[तभी कुछ नारे सुनाई पड़ते हैं]

बन्दर (1) : लगता है कोई जुलूस आ रहा है।

बन्दर (2) : जल्दी करो जैसे थे वैसे ही बन जाओ।

[तीनों अपनी पूर्व मुद्रा में आ जाते हैं]

बन्दर (3) : इस बार गड़बड़ मत करना।

[एक ओर से माला पहने हुए एक नेता के साथ उसके समर्थक नारे लगाते हुए आते हैं]

समर्थक–1 : जीतेगा भई जीतेगा।

सभी समर्थक : अपना नेता जीतेगा।

समर्थक–2 : नेता का गुणगान करो।

सभी समर्थक : वोट इसी को दान करो।

[दूसरी ओर से दूसरा नेता और उसके समर्थक नारे लगाते हुए आते हैं]

समर्थक–1 : जीत गया भई जीत गया।

सभी समर्थक : अपना नेता जीत गया।

समर्थक–1 : तूफान में जो मुस्काता है।

सभी समर्थक : नेता अपना कहलाता है।

नेता–1 : *(दूसरे नेता से)* अरे बन्धुवर, यहाँ तो हमारी मीटिंग पहले से तय थी...आप कहाँ से टपक पड़े?

नेता–2 : यही सवाल मैं आपसे करता हूँ।

नेता–3 : देखो भाई, मैं शराफत से कह रहा हूँ कोई और जगह ढूँढ़ लो।

नेता–1 : मुझे शराफत का पाठ मत पढ़ाओ वरना एक झापड़ धरूँगा...नेतागिरी भूल जाओगे...

नेता–1 : अच्छा तू मुझे झापड़ मारेगा...तेरी ये औकात...

[लपककर दूसरे को पकड़ लेता है। दोनों गुँथ जाते हैं। दोनों के समर्थक भी आपस में उलझ जाते हैं। कुछ देर मारा-मारी फिर

सभी अपने-अपने स्थान पर फ्रीज़ हो जाते हैं]

[तीनों बंदर यह दृश्य देखते-देखते यह भूल ही जाते हैं कि उन्हें आँख, कान, मुँह बंद रखना था...हतप्रभ से एक-दूसरे को देखते हैं फिर तीनों दुःखी मन से आहिस्ते-आहिस्ते गीत गाते हैं]

तीनों बंदर : बापू तेरे देश में
सुन्दर से परिवेश में
वैसे तो सब खैर-कुशल है
लेकिन थोड़ी गड़बड़ है।
नौजवान जो पीढ़ी है
उन्नति की जो सीढ़ी है
भूल गई है पथ अपना
बस इतनी-सी गड़बड़ है।
बापू तेरे देश में...
थोड़ा झगड़ा थोड़ा दंगा
होता खून फसाद यहाँ
सत्य अहिंसा भूल-भाल कर
करते हिंसा ये गड़बड़ है।
बापू तेरे देश में...

[गीत गाते-गाते तीनों पूर्ववत् अपने स्थान पर आँख, कान, मुँह बन्द करके बैठ जाते हैं। प्रकाश तीनों पर सिमट आता है...क्रमशः मंच पर अंधकार।]

□□□